DE

# L'INTERVENTION DES COMMUNES

## DANS LES RECOURS POUR EXCÈS DE POUVOIR

## INTENTÉS CONTRE LES ARRÊTÉS DU MAIRE

PAR

MM. ARAGOU, DASQUE et SÉGALAT

PARIS

ANCIENNE LIBRAIRIE THORIN ET FILS

**ALBERT FONTEMOING, ÉDITEUR**

Libraire des Écoles Françaises d'Athènes et de Rome
du Collège de France et de l'École Normale Supérieure
**4, RUE LE GOFF, 4**

1903

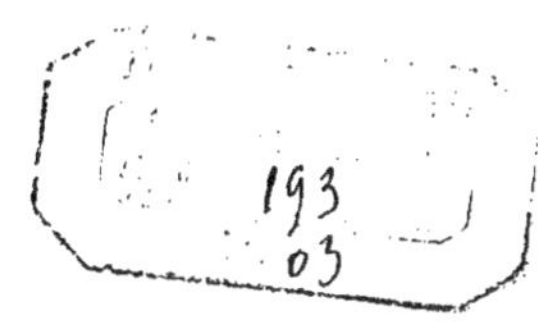



DE

# L'INTERVENTION DES COMMUNES

## DANS LES RECOURS POUR EXCÈS DE POUVOIR

### INTENTÉS CONTRE LES ARRÊTÉS DU MAIRE

Extrait de la *Revue générale du droit*.

TOULOUSE. — IMPRIMERIE A. CHAUVIN ET FILS, RUE DES SALENQUES, 28.

# DE

# L'INTERVENTION DES COMMUNES

## DANS LES RECOURS POUR EXCÈS DE POUVOIR

## INTENTÉS CONTRE LES ARRÊTÉS DU MAIRE

PAR

MM. ARAGOU, DASQUE et SÉGALAT

PARIS

ANCIENNE LIBRAIRIE THORIN ET FILS

**ALBERT FONTEMOING, ÉDITEUR**

Libraire des Écoles Françaises d'Athènes et de Rome
du Collège de France et de l'École Normale Supérieure

**4, RUE LE GOFF, 4**

—

1903

DE

# L'INTERVENTION DES COMMUNES

DANS LES RECOURS POUR EXCÈS DE POUVOIR

INTENTÉS CONTRE LES ARRÊTÉS DU MAIRE (1)

Lorsqu'un recours pour excès de pouvoir est intenté contre un arrêté municipal, le ministre de l'intérieur, chef hiérarchique du maire, vient toujours au pourvoi défendre l'acte de celui-ci, et le maire n'est pas admis à intervenir lui-même en sa qualité d'auteur de l'acte (2) ; mais, depuis un certain temps, et avec des hésitations, le Conseil d'Etat semble disposé à admettre l'intervention de la commune, qui pourrait ainsi défendre l'acte de son maire parce qu'elle y aurait intérêt. Cette intervention des communes est peut-être de nature à modifier les idées que l'on se faisait des actes d'autorité, et spécialement des arrêtés de police. On disait : ce sont des actes accomplis au nom d'une puissance publique impersonnelle, ils n'appartiennent à aucune administration personnifiée envisagée en tant que personne morale et, d'ailleurs, la puissance publique n'appartient à aucune administration personnifiée, elle plane au-dessus des personnes morales, dans une région supérieure. La preuve en est que tous ces actes, aussi bien ceux des maires des communes que ceux des préfets de l'Etat, sont

<hr>

(1) Ce travail a été préparé dans le Séminaire de droit administratif de M. le professeur Hauriou, à la Faculté de droit de Toulouse, par MM. Aragou, Dasque et Ségalat.

(2) Cfr. Laferrière, *Traité de la juridiction adm.*, 2ᵉ édit., II, p. 563.

défendus devant le Conseil d'Etat par le même ministre, qui ne peut être pris que comme le représentant de la puissance publique impersonnelle unifiée par la hiérarchie.

Ces propos ne pourront plus être tenus d'une façon aussi assurée s'il est avéré que les communes, en tant que personnes morales, interviennent pour défendre des actes de police de leur maire ; il suivrait de là, en effet, qu'elles ont intérêt au maintien de ces actes, sans quoi elles ne seraient point recevables dans leur intervention ; et, si par hasard on s'aperçoit que l'intérêt qu'elles allèguent au maintien d'un arrêté de police attaqué est un intérêt de police, on sera sans doute conduit à penser que cet intérêt est tiré de ce que les pouvoirs de police municipale appartiennent, d'une certaine façon, à la personne morale Commune qui, en cette qualité, intervient en justice pour les défendre.

*<br>* *

Mais, avant de tirer des conclusions de cette pratique de l'intervention des communes dans les recours pour excès de pouvoir dirigés contre les arrêtés de leur maire, il est nécessaire d'observer attentivement la façon dont elle s'est établie. Des fouilles consciencieuses opérées dans la jurisprudence du Conseil d'Etat nous révèlent que la question s'est posée pour la première fois en 1876 (affaire Badaroux, 22 décembre 1876, p. 918 : intervention non admise). Depuis cette époque, l'intervention a été tantôt admise, tantôt rejetée par une double série d'arrêts dont voici l'analyse :

I. — ARRÊTS ADMETTANT L'INTERVENTION DES COMMUNES. — 1°) *Conseil d'Etat, 25 juillet 1890, Auscher, 1890, p. 718.* — Arrêtés d'alignements individuels pris par le maire de Saint-Servan dont l'annulation est demandée par un sieur Auscher, au moyen d'un recours pour excès de pouvoir. Intervention de la commune de Saint-Servan qui est admise à venir défendre au pourvoi les arrêtés du maire : « Considérant que la ville de Saint-Servan a intérêt au maintien des arrêtés attaqués et que, par suite, son intervention est recevable. »

2°) *C. E., 24 mars 1893 : Routiou, 1893, p. 258.* — Arrêté

de police du maire de la ville du Mans réglementant les sépul-
tures, attaqué comme entaché d'excès de pouvoir par l'adjudi-
cataire du service des pompes funèbres Routiou. La commune
du Mans est déclarée par le Conseil d'Etat recevable à intervenir au pourvoi pour y défendre l'acte de son maire : « Considérant que la ville du Mans a intérêt au maintien de l'arrêté
attaqué, que dès lors son intervention est recevable. »

3°) *C. E., 9 août 1893 : Syndicat des entrepreneurs de voitures de place du département de la Seine, 1893, p. 676.* —
Arrêté de police du préfet de la Seine prescrivant l'emploi, par
certains voituriers, d'un compteur-contrôleur horo-kilométrique. La ville de Paris intervient au pourvoi formé contre l'arrêté par le Syndicat. Le Conseil d'Etat admet cette intervention : « Considérant que la ville de Paris justifie d'un intérêt
de nature à lui donner qualité pour demander le maintien des
arrêtés attaqués ; qu'ainsi son intervention est recevable. »

4°) *C. E., 22 mai 1896 : Carville, 1896, p. 408.* — Arrêté
de police du maire de Torigny-sur-Vire interdisant l'importa-
tion et la vente en ville de viandes autres que celles d'animaux
abattus à l'abattoir municipal. La commune vient défendre
l'arrêté du maire, dont l'annulation est demandée par un
recours pour excès de pouvoir. Son intervention est admise
par le Conseil d'Etat : « Considérant que la commune de
Torigny a intérêt au maintien de l'arrêté attaqué ; que dès lors
son intervention est recevable. »

5°) *C. E., 27 janvier 1899 : Tarral, 1899, p. 54.* — Arrêté
du maire de Béziers ordonnant la démolition d'un immeuble
menaçant ruine, attaqué par le propriétaire dudit immeuble.
Le Conseil d'Etat déclare la commune de Béziers recevable à
venir au pourvoi demander le maintien de l'arrêté du maire :
« Considérant que la ville de Béziers a intérêt au maintien de
l'arrêté attaqué ; que dès lors son intervention doit être
admise. »

6°) *C. E., 27 février 1899 : Syndicat des entrepreneurs de
voitures de place du département de la Seine, 1899, p. 155.*
— Affaire analogue à celle jugée par le Conseil d'Etat le
9 août 1893. Même solution qu'en 1893 sur la recevabilité de
l'intervention de la ville de Paris : « Considérant que la ville
de Paris justifie d'un intérêt de nature à lui donner qualité

pour demander le maintien de l'arrêté attaqué; qu'ainsi son intervention est recevable. »

7°) *C. E., 8 août 1899 : Burgat, 1899, p. 593.* — Arrêté du maire de Roanne portant révocation du fonctionnaire municipal Burgat, attaqué par le sieur Burgat au moyen d'un recours pour excès de pouvoir. La commune de Roanne est admise à intervenir au pourvoi pour y défendre l'arrêté pris par le maire : « Considérant que la ville de Roanne a intérêt au maintien de l'arrêté attaqué; que dès lors son intervention est recevable. »

8°) *C. E., 24 novembre 1899 : Compagnie d'Orléans, 1899, p. 681.* — Arrêté du préfet de la Seine mettant à la charge de la Compagnie d'Orléans les frais du personnel du poste d'octroi établi à la porte des ateliers de construction et de réparation de ladite Compagnie à la gare de Montrouge. La Compagnie d'Orléans demande l'annulation de cet arrêté, en formant contre lui un recours pour excès de pouvoir. La ville de Paris intervient au pourvoi; son intervention est déclarée recevable par le Conseil d'Etat : « Considérant que la ville de Paris a intérêt au maintien de la décision attaquée; que dès lors son intervention est recevable. »

9°) *C. E., 9 mars 1900 : Boucher d'Argis, 1900, p. 187.* — Arrêté du préfet de la Seine imposant aux propriétaires de la ville de Paris des obligations spéciales pour l'installation, dans leurs immeubles, du système du « tout-à-l'égoût ». Le Conseil d'Etat déclare recevable l'intervention de la ville de Paris au pourvoi formé contre l'arrêté par Boucher d'Argis : « Considérant que la ville de Paris a intérêt au maintien de l'arrêté attaqué; que dès lors il y a lieu d'admettre son intervention. »

10°) *C. E., 24 janvier 1902 : Avézard, p. 44.* — Même hypothèse que dans l'arrêt précédent.


II. — Arrêts rejetant l'intervention des communes. — 1°) *C. E., 22 décembre 1876 : Abbé Badaroux, 1876, p. 918.* — Arrêté du maire de Saint-Hippolyte (Gard) réglementant la procession de la Fête-Dieu; attaqué par le moyen d'un recours pour excès de pouvoir par l'abbé Badaroux, curé de la commune. La commune de Saint-Hippolyte, qui voulait intervenir au pourvoi pour y demander le maintien de l'arrêté de son

maire, voit son intervention non admise par le Conseil d'Etat :
« Considérant que si le maire produit une délibération du
conseil municipal l'autorisant à intervenir au nom de la commune de Saint-Hippolyte, ladite commune ne justifie pas d'un
intérêt de nature à faire admettre son intervention. »

2°) *C. E., 18 mars 1898 : Noualhier, 1898, p. 236.* — Arrêté
du maire de Limoges interdisant, dans un but d'hygiène et de
salubrité publique, à la demoiselle Noualhier, de recevoir dans
sa maison des cancéreux et des tuberculeux incurables. L'arrêté est attaqué devant le Conseil d'Etat comme entaché d'excès
de pouvoir. La ville de Limoges est déclarée irrecevable à venir au pourvoi défendre l'arrêté pris par son maire : « Considérant que l'arrêté attaqué a été pris par le maire dans
l'exercice de ses pouvoirs de police ; qu'il n'appartient qu'au
ministre de l'intérieur de défendre au pourvoi contre cet arrêté
et que, dès lors, l'intervention de la commune n'est pas recevable. »

3°) *C. E., 27 janvier 1899 : Société des chemins de fer sur
routes d'Algérie, 1899, p. 53.* — Arrêté pris par le premier
adjoint au maire de Mustapha (en substitution du maire
empêché), et réglementant la circulation des voitures à vapeur
le jour de la Fête nationale. — Un recours pour excès de
pouvoir est dirigé contre cet arrêté par la Société des chemins
de fer sur routes d'Algérie. La commune de Mustapha demande à intervenir dans l'instance pour défendre l'acte attaqué.
Son intervention n'est pas admise : « Considérant que l'arrêté
attaqué a été pris par le maire dans l'exercice de ses pouvoirs
de police ; qu'il n'appartient qu'au ministre de l'Intérieur de
défendre au pourvoi formé contre cet arrêté, et que dès lors
l'intervention de la commune n'est pas recevable. »

4°) *C. E., 5 mai 1899 : Agence Cook, 1899, p. 338.* — Arrêté
du maire de Nice, imposant aux voitures de l'agence Cook les
obligations spéciales applicables aux voitures de place. Le
Conseil d'Etat déclare la ville de Nice irrecevable à venir défendre au pourvoi formé contre l'arrêté pris par son maire :
« Considérant que la ville de Nice n'a pas intérêt au maintien
de l'arrêté attaqué, que dès lors son intervention n'est pas
recevable. »

5°) *C. E., 17 novembre 1899 : Cestier, 1899, p. 645.* — Arrêté

du maire de Lyon, réglementant sévèrement la vente des den-
rées sur la voie publique et favorisant les  marchands établis
au détriment des marchands ambulants. La ville de Lyon n'est
pas admise par le Conseil d'Etat à venir défendre au pourvoi
l'arrêté du maire, arrêté qui se trouvait d'ailleurs rapporté au
moment de l'instance : « Considérant que le maire de Lyon
qui ne produit d'ailleurs aucune délibération du Conseil municipal l'autorisant à intervenir au nom de la ville, ne justifie
d'aucun intérêt de nature à rendre son intervention recevable. »

6°) *C. E:, 25 janvier 1901, Juot, Saucin, p. 81.* — Réglementation du service des vidanges. — La ville ne justifie pas
d'un intérêt de nature à lui donner qualité, etc. En fait, recours rejeté pour expiration des délais.


III. — Examen des arrêts. — De l'examen des arrêts favo-
rables à l'intervention une remarque très importante se dégage
tout d'abord : les villes ne sont admises à intervenir que si
elles justifient d'un intérêt. La formule de ces arrêts est toujours à peu près la suivante : « Considérant que telle commune a intérêt au maintien de l'arrêté attaqué, que dès lors
son intervention est recevable. » Mais cet intérêt ne doit-il
pas être d'une nature particulière? Ou bien tout intérêt, quel
qu'il soit, justifiera-t-il l'intervention? Une revue rapide
des arrêts va nous fixer sur ce point : Dans l'affaire Auscher
(C. E., 25 juillet 1890, p. 718), où il est question d'alignement, nous sommes en présence d'un intérêt de voirie. La
réglementation du service des pompes funèbres, dans l'affaire
Routiou (C. E., 24 mars 1893, p. 258), offre un intérêt de
police pure. De même pour les deux affaires de voitures
de place du département de la Seine, puisque le but est
d'assurer la circulation et la tranquillité dans la rue (C. E.,
9 août 1893, p. 676; 27 février 1899, p. 155). Dans l'affaire
Carville (C. E., 22 mai 1896, p. 408), l'intérêt est, au fond,
pécuniaire, car l'arrêté du maire avait pour but de créer un
monopole au profit de l'abattoir municipal, et par là d'aug-
menter les recettes municipales ; néanmoins le Conseil d'Etat
a admis que la ville invoquait, pour intervenir, un prétendu
intérêt de police. — L'arrêt Tarral (C. E., 27 janvier 1899,
p. 54), avec sa question d'immeuble menaçant ruine, tou-

che encore à la voirie; tandis que l'arrêt Burgat (C. E.,
8 août 1899, p. 593), relatif à la révocation d'un fonctionnaire,
a trait à la police des fonctionnaires. — Dans l'affaire de la
Compagnie d'Orléans (C. E., 24 novembre 1899, p. 681), nous
retrouvons un intérêt pécuniaire, car il s'agit de savoir qui, de
la Compagnie ou de la ville de Paris, devra supporter les frais
du personnel d'un poste d'octroi. — Enfin, dans l'affaire Boucher d'Argis (C. E., 9 mars 1900, p. 187) et dans l'affaire
Avézard (C. E., 24 janvier 1902, p. 44), il y a intérêt de police,
puisque la question en jeu est d'hygiène et de salubrité pu-
bliques. Il s'y mêle toutefois un intérêt pécuniaire; si l'entre-
prise n'aboutissait pas, en effet, la ville perdrait les sommes
engagées, et les taxes de vidange établies.

Comme on le voit, dans tous ces cas où la jurisprudence a
reconnu aux villes un intérêt à intervenir, la nature des inté-
rêts est assez variée : police pure et simple, police de la
voirie, police des fonctionnaires et même intérêt pécuniaire.
Nous pouvons donc conclure que la nature de l'intérêt exigé
importe peu et, d'une façon générale, que tout intérêt de la
commune, quel qu'il soit, pourvu qu'il soit avouable (v. *infrà*),
peut faire déclarer recevable son intervention. — D'ailleurs,
il est temps de rappeler ce que M. Laferrière dit lui-même de
la facilité avec laquelle sont admises les interventions :
« l'intervention est recevable, non seulement de la part de
ceux qui justifient d'un intérêt direct et personnel et qui au-
raient pu, à ce titre, recevoir communication du recours, mais
encore de ceux qui n'ont qu'un intérêt moins immédiat. Le
Conseil d'Etat reconnaît plus facilement qualité à celui qui intervient dans la discussion d'un recours déjà formé, qu'à celui
qui demande à le former lui-même. Aussi, les arrêts qui prononcent sur la recevabilité de l'intervention ne signalent pas
la nécessité d'un intérêt « direct et personnel, » comme ceux
qui prononcent sur la recevabilité d'un recours; ils constatent
en termes plus généraux que l'intervenant « a intérêt au maintien de l'arrêté attaqué » ou qu'il « justifie d'un intérêt suffi-
sant pour que son intervention soit déclarée recevable » (*op.
cit.*, II, p. 563). Le Conseil d'Etat n'a fait qu'étendre aux
villes ces dispositions d'accueil bienveillant.

Toutefois, il y a des arrêts dissidents, et il est intéressant

de voir s'ils sont inspirés par une répugnance pure et simple
du Conseil qui se manifesterait par intermittences, ou bien
s'ils ne marqueraient pas une tentative pour distinguer l'intérêt
qui est de nature à motiver l'intervention de celui qui n'est
pas de nature à la motiver, pour définir, en un mot, l'espèce
d'intérêt qui rend recevable une intervention.

Dans le plus ancien des arrêts dissidents (C. E., 22 décembre 1876, Badaroux, p. 918), il n'est donné aucun motif; le
Conseil d'Etat s'est trouvé pour la première fois en présence
de l'intervention d'une commune, il a rejeté cette nouveauté
en niant tout simplement que l'intérêt de la commune fut de
nature à, etc...

Dans des arrêts ultérieurs, il a cherché des motifs et il a
d'abord trouvé celui tiré de ce que toutes les administrations, y
compris les communes, sont déjà suffisamment représentées par
le ministre. — Ce motif apparaît d'abord dans les conclusions
du commissaire du gouvernement à propos de la discussion
de l'arrêt favorable à l'intervention *Syndicat des voitures de
place du département de la Seine* (C. E., 9 août 1893, p. 676).
Le commissaire du gouvernement voulait faire repousser l'intervention de la ville de Paris en prétendant qu'elle faisait
double emploi avec la présence au pourvoi du ministre de l'Intérieur. — Cette opinion ne trouva pas d'écho pour cette fois
au Conseil d'Etat. — Dans l'affaire Noualhier, arrêt dissident
(C. E., 18 mars 1898, p. 236), le Conseil d'Etat a repris pour son
compte le raisonnement du commissaire du gouvernement :
« Considérant que l'arrêté attaqué a été pris par le maire
dans l'exercice de ses pouvoirs de police; qu'il n'appartient
qu'au ministre de l'Intérieur de défendre au pourvoi contre cet
arrêté; que dès lors la commune n'est pas recevable à intervenir. » Puis il a renoncé à cette argumentation; elle reparaît
cependant une dernière fois dans l'arrêt du 27 janvier 1899
(Société des chemins de fer sur routes d'Algérie, p. 53). —
Mais, dans la suite, il n'en est plus question.

A propos du même arrêt Noualhier, nous devons signaler
une opinion qui, si elle n'est pas de nature, comme la pré-
cédente, à ruiner complètement la théorie de l'intervention,
pourrait toutefois en restreindre singulièrement la portée. Elle
émane de l'arrêtiste qui l'a exposée en note sous ledit arrêt

(V. Lebon, p. 236, note). — L'intervention, d'après lui, serait recevable seulement dans le cas où la commune est directement mise en cause, ce qui arrive notamment, dit-il, dans les affaires concernant la police de la voirie. L'arrêtiste veut-il désigner par là les affaires d'alignement (C. E., 25 juillet 1890, Auscher, p. 718) ou celles d'immeubles menaçant ruine (C. E., 27 janvier 1899, Tarral, p. 54), où la voie publique est intéressée? Mais l'intervention a été admise dans des affaires tout autres. En alléguant que la commune « peut être directement mise en cause » en matière de police de la voirie, l'arrêtiste a-t-il voulu dire que la commune pourrait être poursuivie en indemnité et que sa responsabilité se trouverait pécuniairement engagée? Mais cela arrive aussi bien au cas de police pure et simple.

Telles sont les principales difficultés soulevées par les trois premiers arrêts dissidents; restent les affaires *Cook* et *Cestier*. — Dans l'affaire intéressant l'agence Cook, il y a négation directe de l'intérêt de la ville. Cependant, celle-ci avait certainement un intérêt pécuniaire à intervenir, puisque des taxes de stationnement étaient imposées aux voitures de l'agence. Il y avait aussi l'intérêt de la police de circulation dans la rue. Cette affaire pouvait être rapprochée de celle du compteur horo-kilométrique imposé aux entrepreneurs de voitures de place de la Seine (C. E., 9 août 1893 et 27 février 1899 précités), où l'intervention fut admise; il est difficile de saisir une différence de nature dans l'intérêt des villes, à moins qu'elle ne résulte de la moralité administrative de l'affaire. Il est fort possible que dans l'affaire Cook il y ait eu des mobiles électoraux peu avouables.

Ce qui est sûr, c'est que dans l'affaire Cestier il n'apparaît pas d'intérêt avouable. L'arrêté attaqué se trouvait rapporté au moment du pourvoi. L'intérêt que la ville avait à son maintien était un simple intérêt d'amour-propre, par suite insuffisant et inavouable. Remarquons que le Conseil d'Etat invoque un autre argument : « Considérant que le maire de Lyon, qui ne produit d'ailleurs aucune délibération du Conseil municipal l'autorisant à intervenir, ne justifie d'aucun intérêt. » C'est donc plutôt l'intervention du maire qui est rejetée que celle de la ville de Lyon.

La première impression que l'on retire de ces arrêts dissidents est que le Conseil d'Etat éprouve une sorte de répugnance instinctive à ouvrir cette voie de l'intervention aux villes, et que sa résistance se manifeste par intermittences. Tantôt il s'arrête à l'objection tirée de la présence du ministre au pourvoi, tantôt il passe outre ; tantôt, dans des hypothèses qui paraissent semblables, il déclare que l'intérêt de la ville n'est pas de nature à rendre son intervention recevable, tantôt, au contraire, il admet que la commune a intérêt. Il est à croire que ces velléités de résistance n'empêcheront pas la pratique de l'intervention des villes de s'établir définitivement. Nous avons rappelé plus haut combien la jurisprudence est large pour l'intervention des tiers ; il lui est difficile de se montrer sévère pour les villes qui viennent défendre les actes de leurs maires, bien qu'elles ne soient pas des tiers ; les villes ont souvent un intérêt réel, et mieux que personne elles connaissent les motifs et l'importance des actes attaqués. — Nous n'osons pas affirmer que le rapprochement entre les arrêts admettant l'intervention et les arrêts dissidents révèle une tentative faite par le Conseil d'Etat pour définir l'intérêt qui est de nature à justifier l'intervention. Toutefois, il nous semble qu'on en peut tirer une indication : il faut que l'intérêt de la commune se présente comme avouable au point de vue de la moralité administrative. Ainsi, un simple intérêt d'amour-propre n'est pas avouable (affaire Cestier) ; de même, dans certaines affaires où le détournement de pouvoir commis par le maire est trop évident, l'intérêt de la commune à défendre l'acte n'est pas avouable (affaire Cook). Ce n'est qu'une indication, et bien qu'elle soit dans le sens du développement de la juridiction de l'excès de pouvoir qui est certainement basée sur des préoccupations de moralité administrative, nous n'y insistons pas, il convient d'attendre de nouvelles décisions.

*<br>* *

Dans tous les cas, si la définition de l'intérêt qui justifie l'intervention des villes n'est pas encore donnée, il est du moins constaté que cet intérêt existe, et dans des hypothèses où il n'y a en cause ni la responsabilité pécuniaire de la commune, ni la consistance du domaine public communal, mais simplement le sort de mesures de police (affaires Routiou, Syndicat des entrepreneurs de voitures, Burgat). Nous pouvons donc reproduire en connaissance de cause et d'une façon affirmative la constatation que nous formulions d'une façon conditionnelle au début de cet article :

De ce que les communes sont admises à intervenir, en leur qualité de personne morale, dans les instances en recours pour excès de pouvoir dirigées contre les arrêtés de police de leurs maires, il appert que le maintien de ces actes de police les intéresse en cette même qualité de personnes morales. Sans vouloir exagérer la portée de cette constatation, nous croyons pouvoir en conclure qu'il en résulte une certaine relation établie entre la personnalité morale des communes et les pouvoirs de la police municipale.